Amaia se conecta

Ilustraciones de **Alberto Stefani**

DeA LINK

Escucha el audio desde tu teléfono móvil

1 Descarga la aplicación **DeALink**

2 Utiliza la aplicación para encuadrar la página

3 Escucha el audio

Download on the App Store

GET IT ON Google Play

Redacción: Maria Grazia Donati
Diseño: Sara Fabbri, Silvia Bassi
Maquetación: Annalisa Possenti
Búsqueda iconográfica: Alice Graziotin

Dirección de arte: Nadia Maestri

© 2017 Cideb
Primera edición: enero de 2017

Member of CISQ Federation

RINA
ISO 9001:2008
Certified Quality System

The design, production and distribution of educational materials for the CIDEB brand are managed in compliance with the rules of Quality Management System which fulfils the requirements of the standard ISO 9001 (Rina Cert. No. 24298/02/S - IQNet Reg. No. IT-80096)

Créditos fotográficos:
Shutterstock; iStockphoto; Dreamstime; ©Javier Larrea/age fotostock: 5; ©Jordi Boixareu/Alamy Live News: 48; Contrasto: 49; Bettmann/Getty Images: 78; MONDADORI PORTFOLIO/ALBUM: 79; Gianni Ferrari/Cover/Getty Images: 80; WebPhoto: 92; MONDADORI PORTFOLIO/ALBUM: 93.

Para cualquier sugerencia o información se puede establecer contacto con la siguiente dirección:

info@blackcat-cideb.com
blackcat-cideb.com

ISBN 978-88-530-1635-5 Libro + CD

Impreso en Italgrafica, Novara

Índice

DELE	Este icono señala las actividades de tipo DELE.

n.pista mp3	EL TEXTO ESTÁ GRABADO EN SU TOTALIDAD. El símbolo con el número de pista indica una pista presente en el CD audio incluido. El símbolo mp3 indica una pista descargable de nuestra página web, blackcat-cideb.com.

San Sebastián

El País Vasco

El País Vasco (*Euskal Herria*, en la lengua vasca) es una región histórica del norte de la Península Ibérica. Comprende la zona del golfo de Vizcaya, en la costa oriental del mar Cantábrico, y parte del Pirineo occidental; su territorio se extiende en dos países: España y Francia. En la actualidad, la Comunidad Autónoma del País Vasco (o Euskadi) comprende las provincias de Vizcaya (su capital es Bilbao), Álava (cuya capital, Vitoria-*Gasteiz*, es también la capital de la Comunidad Autónoma) y Guipúzcoa (cuya capital es San Sebastián-*Donostia*).

Es una región antigua, con tradiciones milenarias, famosa por su lengua muy difícil de comprender (no se sabe el origen de este idioma), su gastronomía, sus peculiares deportes rurales, los paisajes verdes y las aldeas pintorescas, tanto en la costa como en el interior. Su gente tiene fama de pueblo muy orgulloso de su pasado, de sus raíces y de su tierra, pero con una visión constantemente proyectada hacia el futuro. Esta visión se refleja también en sus ciudades, que conservan su antigua belleza, pero al mismo tiempo miran sin miedo alguno al siglo XXI.

Bilbao

Es la ciudad más poblada de la Comunidad Autónoma y se encuentra en la desembocadura del río Nervión, que los bilbaínos llaman "la Ría". Su clima es de tipo atlántico: lluvioso y húmedo, no muy frío en invierno, pero no muy caluroso en verano (muy típico es el *sirmiri*, la llovizna que cae muy a menudo, como en las ciudades británicas).
Desde su fundación, a finales del siglo XV, Bilbao siempre ha sido un importante centro de navegación y comercio con los países europeos de la fachada atlántica, sobre todo Inglaterra.

Una celebración popular en Hondarribia, Guipúzcoa.

Puppy y el museo Guggenheim, Bilbao.

A consecuencia de la revolución industrial, la ciudad vive una importante expansión, gracias a la explotación de mineral de hierro y la producción de acero. Bilbao se convierte así en una ciudad fuertemente industrial y económicamente desarrollada, incrementando considerablemente su actividad portuaria.

Sin embargo, a partir de los años Setenta del siglo XX, la industria metalúrgica sufre una grave crisis, y es necesario un cambio industrial: se desmantelan muchas instalaciones, y se empieza una reestructuración total de la antigua "ciudad del acero". La villa empieza a dar un cambio radical en su aspecto, y muchos arquitectos de éxito internacional son llamados a dejar su marca para proyectarla en el nuevo siglo.

Sin duda, el símbolo de esta renovación es el museo de arte contemporáneo Guggenheim, del arquitecto canadiense Frank O. Gehry. Con su peculiar forma de flor con pétalos de titanio (o de barco si se mira desde arriba), es el símbolo de la ciudad y ha hecho conocer Bilbao en el mundo. Dos guardianes muy peculiares vigilan el museo día y noche: estos son Puppy, un perro gigante de casi 13 metros de altura que está recubierto de flores y cambia de color según la estación, y Mamá, una escultura en forma de araña que mide 10 metros de altura. ¡Con semejantes guardianes el museo está a salvo!

De todos modos, no se debe olvidar que Bilbao es una ciudad con historia, en la que no faltan antiguos palacios y un casco viejo. Su primer núcleo, rodeado de murallas, torres y portales, estaba formado por siete calles perpendiculares a la ría, y a ellas se accedía únicamente cruzando el Nervión por el puente que todavía se encuentra junto a la iglesia más antigua de la ciudad, la de San Antón.

Pero Bilbao es famosa también por sus fiestas, que tienen lugar en el mes de agosto, y que se llaman *Aste Nagusia* ("semana grande", en euskera). Durante los días de fiesta todos los ciudadanos salen a la calle a comer, beber, escuchar conciertos, ver espectáculos folclóricos y pirotécnicos, que todas las noches de fiesta alumbran el cielo bilbaíno con el concurso internacional de fuegos artificiales.

La gastronomía bilbaína es famosa por sus platos a base de pescado (sobre todo bacalao, merluza y angulas), y sus recetas típicas son el bacalao al pil-pil (una salsa a base de aceite de oliva, ajo y guindillas) o a la vizcaína (con una salsa a base de pimientos, cebollas, aceite y harina). Y no hay que olvidar los aperitivos a base de *pintxos*, que son

Casco viejo, Bilbao.

pequeñas rebanadas redondas de pan sobre las que se ponen porciones de comida (pescado, carne o jamón). Los hay fríos y calientes, y se llaman así porque se suele clavar un palillo de madera en el pan, de diferentes formas y colores según el *pintxo*: esto le sirve al camarero para saber cuántos y qué *pintxos* se ha comido cada cliente, ya que, en muchos bares de Bilbao, cuando se come un *pintxo*... ¡se suele tirar los palillos al suelo!

Comprensión lectora

1 **Di si las siguientes afirmaciones son verdaderas (V) o falsas (F). Justifica tu respuesta.**

		V	F
1	El País Vasco se encuentra en el noreste de España.	☐	☐
2	La lengua vasca (o euskera) tiene origen anglosajón.	☐	☐
3	El pueblo vasco es conocido en el mundo por su orgullo.	☐	☐
4	Bilbao es la capital del País Vasco.	☐	☐
5	Bilbao ha sufrido un cambio radical a finales del siglo XX.	☐	☐
6	La gastronomía vasca es famosa por sus platos a base de carne.	☐	☐

De izquierda a derecha y de arriba abajo: **Mikel, Amaia, Luisa, el abuelo, Isabel**

Antes de leer

1 A lo largo del capítulo 1 encontrarás estas palabras. Relaciónalas con las fotos.

a	ordenador	**d**	icono	**g**	ojos
b	auriculares	**e**	lector de mp3	**h**	coche
c	móvil	**f**	puerta	**i**	piso

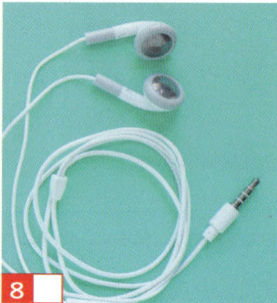

Un domingo cualquiera

maia está sentada, descalza, en un sillón, en el cuarto de estar. Tiene los auriculares puestos y desliza rápidamente el dedo por la pantalla de su lector de mp3. Cuando encuentra su canción favorita, la escucha durante unos segundos y después pasa a otra. De vez en cuando coge su móvil, desliza los iconos, lee los mensajes, los contesta con una rapidez impresionante y después lo vuelve a apoyar en el brazo del sillón.

Su abuelo la mira. Su nieta lo divierte y lo intriga. Tiene 16 años, es rebelde pero obediente, decidida pero frágil. Quiere saber cosas sobre su vida, pero no sabe cómo hacer.

—¡Amaia! ¡Papá! ¡A comer!

Isabel, la madre de Amaia, está en la puerta del cuarto de estar. Amaia no la ha oído llegar. Entonces, su abuelo se pone delante de ella y se lleva la mano a la boca para imitar el gesto de comer.

11

CAPÍTULO 1

Amaia entiende, se levanta, se pone las zapatillas de deporte.

La comida del domingo en Gernika, en casa de sus abuelos, es siempre igual. Su abuelo le pregunta siempre lo mismo.

—¿Qué tal en el instituto? ¿Sacas buenas notas?

Amaia intenta no alzar los ojos al cielo y se esfuerza por responder amablemente.

—Sí, abuelo, todo bien. Esta semana he sacado un sobresaliente en Geografía.

—Y ¿te gusta la Historia?

«Siempre me pregunta lo mismo» piensa la chica, «y ahora fijo que me pregunta por dónde vamos...»

—Y ¿por dónde vais en Historia?

Amaia quiere a su abuelo, pero a veces cree que es muy aburrido. ¡En la vida no existe solo el instituto! De vez en cuando su abuelo le dice que quiere escuchar su música, entonces ella le da los auriculares... y él resiste al máximo dos minutos; después siempre le dice:

—Esta música no está mal... pero ¡estos chismes[1] son insoportables!

Son las cinco de la tarde y es hora de volver a casa. Durante el camino, Isabel regaña[2] a su hija.

—Amaia, sabes que tus abuelos te adoran, pero parece que te aburres siempre que estamos con ellos. ¿Por qué no te esfuerzas un poco y hablas más con ellos?

—Pero... ¿hablar de qué? —le dice la chica con un tono malhumorado—. Viven en el campo, son viejos. Además...

---

1. **chisme** : despectivo de "cosa, objeto".
2. **regañar** : reprochar a alguien por algo que ha hecho mal.

lo único que les interesa es el instituto, mis notas. ¿Por qué tenemos que ir a su casa todos los domingos?

—Primero, ¡no son viejos! Segundo... ¡no vamos a su casa todos los domingos!

Eso es verdad. Amaia va a casa de sus abuelos cada dos semanas, cuando está con su madre. Sus padres están divorciados desde hace seis años, y una semana está con su madre y la otra con su padre. Sus padres se llevan bien, y ella... bueno... ella está acostumbrada a esta vida y no le pesa.

Cuando su madre para el coche delante de la puerta del garaje, Amaia baja. Viven en Bilbao, en el casco viejo, a pocos metros del puente de San Antón, y de la Ría, como le llaman al río que atraviesa la ciudad. ¡Dicen que es el puente más viejo de Bilbao! A ella le gusta vivir allí, pero en el futuro quiere matricularse en la Facultad de Filosofía y Letras, y sacarse un grado en Historia en otra ciudad, quizás en Pamplona o en Madrid.

Amaia y su madre suben juntas al piso, en la tercera planta. Cuando abre la puerta, la madre le pregunta:

—¿Todavía tienes que hacer muchos deberes?

—No, solo me falta un ejercicio de Mates.

—¿Y todavía tienes que estudiar para el control de Inglés de mañana? ¿Quieres repasar los verbos irregulares conmigo?

—No, no hace falta —le dice Amaia.

—¿Oler?

—*To smell, smelt, smelt.*

—¿Brillar?

—*To shine, shone, shone.* ¡Para, mamá! ¡Los verbos me los sé de memoria!

—Vale, pero ¡ahora ve rápido a hacer el ejercicio de Mates!

Amaia va a su habitación, y cierra la puerta. No tiene muchas

ganas de hacer los deberes. Abre su ordenador, lo enciende, y entra en su página de friendBook, donde tiene más de un centenar de amigos.

> ¡Hola wapa! ¿Qué tal en casa de tus abuelos? ¿De maravilla? ¿Has hecho los ejercicios de Mates de la pág 70? ¡Pásame las soluciones porfa!

Este es Mikel, su mejor amigo. Estudian en el mismo instituto, pero en clases diferentes.

Amaia está a punto de contestarle, pero se da cuenta de que tiene una solicitud de amistad. Hace clic en el icono, y ve que la solicitud es de un tal Garino.

«¿Garino? ¿Quién es este Garino?» se pregunta. «Ni muerta le voy a...» y está a punto de pinchar para rechazar la solicitud de amistad, cuando oye los pasos de su madre en el pasillo. Cierra rápidamente su ordenador y abre el libro de Mates, en la página 70.

Después de leer

Comprensión lectora

1 **Elige la opción correcta entre las tres propuestas.**

1   Amaia...

   a ☐ está escuchando música.

   b ☐ está haciendo los deberes.

   c ☐ está comiendo.

2   Amaia...

   a ☐ pasa los fines de semana con sus abuelos.

   b ☐ ve a sus abuelos cada dos semanas.

   c ☐ ve muy poco a sus abuelos.

3   Amaia vive...

   a ☐ en Gernika.

   b ☐ cerca de Bilbao.

   c ☐ en Bilbao, cerca de un río.

4   Amaia cree que su abuelo...

   a ☐ es muy aburrido.

   b ☐ no es viejo.

   c ☐ es divertido.

5   En su cuarto, Amaia...

   a ☐ estudia para el control de Inglés.

   b ☐ hace los deberes de Matemáticas.

   c ☐ navega en Internet.

6   En friendBook, Amaia tiene...

   a ☐ más de cien amigos.

   b ☐ un amigo que se llama Garino.

   c ☐ cien amigos.

Comprensión auditiva

pista 03

2 Escucha el siguiente fragmento del primer capítulo y completa el texto con las palabras que faltan.

Amaia va a casa de sus abuelos cada dos semanas, cuando
(**1**)................................ con su madre. Sus padres están divorciados desde hace seis años, y una semana está con su madre y la otra con su padre. Sus padres se (**2**).............................. bien, y ella... bueno... ella está acostumbrada a esta vida y no le pesa.

Cuando su madre para el coche delante de la puerta del garaje, Amaia (**3**).............................. . Viven en Bilbao, en el casco (**4**)..............................., a pocos metros del puente de San Antón, y de la Ría, como le llaman al río que atraviesa la ciudad. ¡Dicen que es el puente más viejo de Bilbao! A ella le gusta vivir (**5**)..............................., pero en el futuro quiere matricularse en la Facultad de Filosofía y Letras, y sacarse un grado en (**6**).............................. en otra ciudad, quizás en Pamplona o en Madrid.

3 Busca en el capítulo 1 las palabras que se refieren a las siguientes definiciones.

1 ....: puntuación obtenida en un examen.

2 ....: ciencia que estudia el pasado.

3 ....: examen que se hace para comprobar la preparación de los alumnos.

4 ....: ejercicios que se dan a los alumnos para hacer en casa.

5 ....: máquina electrónica que trabaja de forma automática y muy rápida.

6 ....: centro de enseñanza secundaria.

Gramática

El presente de indicativo de los verbos irregulares

Verbos con irregularidad vocálica			Verbos irregulares	
Merendar (e > ie)	Volver (o > ue)	Pedir (e >i)	Ir	Oír
mer**ie**ndo	v**ue**lvo	p**i**do	**voy**	o**i**go
mer**ie**ndas	v**ue**lves	p**i**des	vas	oyes
mer**ie**nda	v**ue**lve	p**i**de	va	oye
merendamos	volvemos	pedimos	vamos	oímos
merendáis	volvéis	pedís	vais	oís
mer**ie**ndan	v**ue**lven	p**i**den	van	oyen

Algunos verbos cambian en el presente de indicativo la **e** o la **o** de la raíz del infinitivo en **ie** o **ue** en todas las personas, excepto la primera y la segunda del plural.

Algunos verbos de la 3ª conjugación cambian la **e** de la raíz del infinitivo en **i** en todas las personas, excepto la primera y la segunda del plural.

Otros verbos pueden ser totalmente irregulares en todas las personas, como el verbo **ir**, o pueden tener irregularidad solo en la primera persona y cambiar la vocal de la raíz en todas las demás personas, excepto la primera y la segunda del plural, como el verbo **oír**.

4 Conjuga los verbos entre paréntesis en presente de indicativo.

1 Ana no (*encontrar*) .... su lector de mp3.

2 ¿(*Querer, usted*) .... un café?

3 Sus padres (*volver*) .... mañana a casa.

4 Nosotros no (*entender*) .... el problema de Matemáticas.

5 Si no (*esforzarse, vosotros*) ...., no podéis hacerlo.

6 El chico (*atravesar*) .... el río.

Antes de leer

1 A lo largo del capítulo 2 encontrarás estas palabras. Relaciónalas con las fotos.

a policía   **b** pizarra   **c** hombro   **d** patio

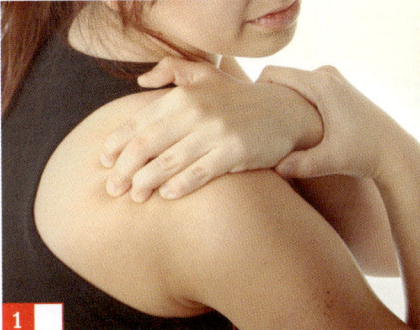

2 Ahora asocia las palabras del ejercicio anterior con sus definiciones correctas.

1 ....: superficie de material duro, generalmente negro, que se usa para escribir en ella con tizas.

2 ....: lugar de un instituto donde los alumnos pueden reunirse para charlar y tomar algo de beber o de comer.

3 ....: parte del cuerpo humano que une el brazo con el tórax.

4 ....: agente que mantiene el orden público y cuida de la seguridad de los ciudadanos.

¡Cuidado! ¡Peligro!

Al día siguiente, como todos los lunes, la vuelta al insti es difícil. Por suerte, hoy los alumnos de Cuarto solo tienen dos horas de clase, porque después deben ir al salón de actos para escuchar una conferencia sobre los peligros que se esconden en Internet.

pista 04

Durante la clase de Matemáticas, el profesor le dice a Amaia:

—Amaia, por favor, ¿puedes salir a la pizarra para corregir el ejercicio?

—Profe... no soy capaz de hacerlo —le contesta la chica.

—No importa, lo hacemos juntos.

Al final, Amaia no lo hace tan mal.

Durante la clase siguiente, Amaia hace el control de Inglés. Veinticinco verbos irregulares en diez minutos. Amaia está segura de que le ha salido muy bien, pero debe reconocer que ella tiene una gran ventaja: su padre viaja a menudo a Londres por trabajo, y cada vez que puede ella lo acompaña.

Después del recreo, la clase de Amaia cruza el patio y va al salón de actos. Llueve mucho. Amaia ve a Mikel, que le hace señas de que a la una y media se ven en frente del bar del instituto.

El salón de actos está casi lleno. El director saluda a los alumnos y les pide silencio. Después le pasa el micrófono a uno de los conferenciantes.

—Buenos días, yo me llamo Javi y ella es Pili, mi compañera. Somos policías. Nos ocupamos de la seguridad de los que navegan en Internet. ¿Nos queréis hacer algunas preguntas antes de comenzar?

—¡Sí! ¿Cuánto ganan al mes?

Este es Ludo. Está en Cuarto C y siempre tiene que dar la nota.[1] El director quiere intervenir, pero Javi no le da tiempo y le contesta a Ludo con una sonrisa.

—¡Yo gano más de cien euros y menos de cincuenta mil!

Todos se ríen, pero nadie más se atreve a preguntar nada.

—Bueno, si no tenéis más preguntas, ahora os hago yo alguna —dice Pili—. ¿Alguien tiene una cuenta en una red social?

Casi todos levantan la mano y Pili sonríe.

—Vale... y... ¿quién no la tiene?

Ahora pocas manos se alzan tímidamente.

—¿Y por qué no la tenéis? —pregunta Pili.

Luisa habla en primer lugar. Es una amiga de Amaia, vive cerca de su casa. Ella siempre se queja de sus padres, cree que son demasiado severos.

—Mis padres no quieren. Dicen que no sirve para nada y que, además, es peligroso.

---

1. **dar la nota** : hacer algo extraño para captar la atención de los demás.

Entonces Javi le pasa el micrófono a Chema, el otro chico que ha levantado la mano.

—A mí no me interesa comunicar con extraños —dice Chema—, no se puede tener amigos virtuales, es de tontos.

Se oye un grito de desaprobación general. Esta vez el director interviene para hacerlos callar. Hay que estar en silencio y respetar las opiniones de los demás. Después le pasa otra vez el micrófono a Pili.

—Muy bien. Ahora os mostramos algunos vídeos acerca de los peligros de Internet. ¡Atención! —dice Pili—. Con estos tres vídeos no pretendemos deciros que no tenéis que navegar por Internet, sino que simplemente debéis tener cuidado. Queremos demostraros que a veces, sin pensar en las consecuencias, algunos chicos pueden hacer cosas muy peligrosas. Por la tarde, vamos a hacer un taller[2] sobre este tema.

A la una y media, Amaia, Mikel y Luisa se ven en el bar del instituto.

—Bueno... —dice Mikel—. ¿Qué pensáis de la conferencia?

—Si mis padres ven esos vídeos —dice Luisa —, fijo que no me dejan abrir una cuenta en una red social antes de los dieciocho años.

Amaia se encoge de hombros.[3]

—Yo creo que esos vídeos son muy estúpidos, sobre todo el que hablaba de Adrián, el chico que insulta a sus amigos en su blog. Además... cuando se ve que los policías van a su casa y lo detienen... ¡eso es imposible!

—¡Claro que es posible! —dice Mikel —. La chica que aparece

---

2. **taller** : clase práctica de alguna asignatura o sobre algún tema.
3. **se encoge de hombros** : mueve los hombros en señal de indiferencia.

Antes de leer

1 A lo largo del capítulo 3 encontrarás estas palabras. Relaciónalas con las fotos.

a	cuchara	**c**	paracaídas	**e**	tren
b	parapente	**d**	autobús	**f**	mesa

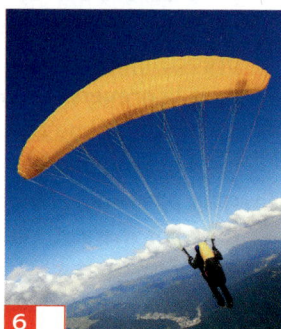

2 Ahora fíjate en la ilustración de la pág. 31 y contesta a las siguientes preguntas.

1 ¿Qué están haciendo las personas en esa ilustración?

2 En tu opinión, ¿quién es el señor que está sentado en frente de Amaia?

3 ¿Cuál es el estado de ánimo de Amaia en ese momento?

4 En tu opinión, ¿quiénes serán las otras personas que aparecen en la ilustración?

Planes para el verano

Ese día, cuando terminan las clases, Amaia coge el autobús para ir a casa de su padre Tomás. Él vive en las afueras de Bilbao, a pocos kilómetros de la ciudad, con Miren, su nueva pareja, y su hijo Unai. Toda la familia se reúne a la hora de cenar.

—Pues... ¿qué tal en el instituto hoy? ¿Estás cansada? —le pregunta Tomás a Amaia.

—No, no, estoy bien. Hoy solo hemos tenido dos horas de clase, porque luego hemos tenido una conferencia y un taller sobre los riesgos de Internet.

—¿Ha sido interesante?

—Sí, pero yo creo que exageran un poco.

—¿Por qué? —le pregunta Miren. Ella es educadora y le interesa todo lo que tiene que ver con los adolescentes.

—A veces —le dice Miren—, hay quien quiere pasar de lo virtual

pista 05

CAPÍTULO 3

a lo real. Sabes… En estos días me ocupo de un chico de trece años. Tenía un supuesto "amigo" en friendBook; aceptó verle, pero ese tío solo quería… ¡Unai! ¡No! ¿¿Qué haces??

El pequeño reclama la atención de sus padres. Golpea con la cuchara el plato y salpica el puré por todas partes: en la mesa, en el suelo, en el pelo…

—¡Unai! ¡Mira lo que has hecho! ¡Qué desastre! ¡Eso no se hace! ¡Mamá no está para nada contenta!

Amaia intenta no reírse. Quiere mucho a su hermano, está realmente contenta por poder pasar una semana cada dos con él. Se levanta y ayuda a Miren a recoger la mesa.

—¿Por qué le riñes?[1] —pregunta Amaia—. Es tan bonito…

—Sí, claro, muy bonito, pero debe obedecer, si no dentro de nada manda[2] él.

—Pero, ¡si ya manda él en esta casa! —exclama el padre de Amaia—. Por cierto… niña, ¿tienes planes para el 21 de junio?

—¡¿El 21 de junio?! Todavía falta mucho para el 21 de junio. ¿Qué pasa ese día? —pregunta Amaia.

—¡Es el Día de la Música!

—¡Es verdad! Tengo que organizarme con Mikel y…

—El 21 yo estoy en Madrid —dice el padre de Amaia—, puedes ir en tren y así pasamos juntos el fin de semana. El Día de la Música en Madrid es estupendo. Tu madre está de acuerdo. Pero… solo si has acabado de estudiar para los exámenes de fin de curso.

—¡Genial! Voy a mirar en Internet si ya está el programa de los conciertos. ¡Igual hasta toca La oreja de Van Gogh! Y ¿tenéis planes para las vacaciones de verano?

---

1. **reñir** : reprocharle algo a alguien hablando con mal tono.
2. **mandar** : decidir, imponer a los demás lo que se quiere.

—Todavía no. Con Unai no podemos hacer viajes largos. Pensamos ir dos semanas a los Pirineos, en agosto. ¿Qué te parece?

—Vale. En julio me voy a la playa con mamá, y en agosto voy a la montaña con vosotros. ¡Es perfecto! Papá, ¿te acuerdas de que a finales de julio hago un taller de fotografía en Bilbao?

—¡Por supuesto!

—Por cierto, ¿en los Pirineos se puede hacer parapente? —pregunta Amaia.

El padre de la chica se queda sorprendido.

—¿Parapente? Pero ¡ese es un deporte muy peligroso!

—Que va... —replica Amaia —basta tener un buen monitor.[3] Me muero de ganas por probar, papá... ¡tiene que ser estupendo! ¡Además dicen que es menos peligroso que lanzarse con un paracaídas!

—Bueno, ya veremos si... —le dice su padre para cortar la conversación— si no eres demasiado joven para practicarlo, y sobre todo si tu madre está de acuerdo.

Después de la cena, Amaia le ayuda a Miren a acostar a Unai.

—Buenas noches, mi niño —le dice Amaia mientras le abraza —. ¡Hasta mañana!

Cuando llega a su habitación enciende el ordenador, porque tiene que hacer un trabajo para el instituto. En quince días debe hacer una presentación sobre el tema "alimentación y prevención", y eso significa muchas horas de trabajo. Pero ella quiere hacerlo bien, quiere sacar una buena nota. Después de una media hora ya tiene mucha información útil, pero no sabe bien cómo organizarla.

---

3. **monitor** : persona que guía y dirige a alguien en el aprendizaje de algo.

Son las diez, y es hora de acostarse. Pero, antes de apagar el ordenador, echa un vistazo al friendBook.

La solicitud de Garino todavía está allí. Amaia mira su página personal.

«Esta foto es demasiado simpática» se dice. «A Garino le gustan los libros, la música clásica y el rock».

Amaia sonríe, porque le gustan tanto el rock como la música clásica y encuentra gracioso lo de ver los nombres de Debussy y Schumann junto con los de los Beatles y los Rolling Stones. Después, lee nombres de bandas y cantantes que ella no conoce: Los Brincos, Los Bravos, Simon y Garfunkel... estos nombres no le dicen nada. Pero a Garino le gustan también La oreja de Van Gogh y Adele, que ella adora. Amaia no consigue decidirse. Por un lado, siente curiosidad y quiere aceptar, por otro sabe que no debe chatear[4] con desconocidos. Así que tampoco esta noche se decide a aceptar esa solicitud de amistad tan rara.

---

4. **chatear** : hablar con alguien en Internet.

Después de leer

Comprensión lectora

1 Marca con una X si las afirmaciones son verdaderas (V) o falsas (F). Corrige las falsas.

		V	F
1	El padre de Amaia vive lejos de Bilbao.	☐	☐
2	La madre de Unai es profesora en un instituto.	☐	☐
3	Unai y Amaia se ven dos semanas al mes.	☐	☐
4	El día de la Música es el 7 de julio.	☐	☐
5	Amaia va a la playa en agosto y en julio a la montaña.	☐	☐
6	Amaia dice que es más peligroso lanzarse en paracaídas que hacer parapente.	☐	☐
7	Amaia se acuesta a las diez.	☐	☐
8	A Amaia le gustan Los Brincos y los Muse.	☐	☐

Comprensión auditiva

2 Vuelve a escuchar el capítulo 3 y marca con una X quien dice...

pista 05

		Amaia	Miren	Tomás
1	Me ocupo de un chico de 13 años.	☐	☐	☐
2	¡Unai! ¡Mira lo que has hecho! ¡Qué desastre!	☐	☐	☐
3	El 21 yo estoy en Madrid.	☐	☐	☐
4	¿Parapente? Pero ¡ese es un deporte muy peligroso!	☐	☐	☐
5	¿Te acuerdas de que a finales de julio hago un taller de fotografía?	☐	☐	☐

Léxico

3 Lee las siguientes definiciones y completa el crucigrama.

Horizontales

1 Alrededores de un pueblo o ciudad.

2 Persona que enseña a realizar una actividad.

3 Periodo de tiempo en el que no se va a la escuela.

4 Si miras superficialmente un libro o una imagen le echas un...

5 Utensilio que sirve para comer sopa.

6 Hablar con alguien en Internet.

Verticales

1 Chico joven.

2 Grupo de músicos.

3 Espectáculo musical.

4 Sinónimo de "peligro".

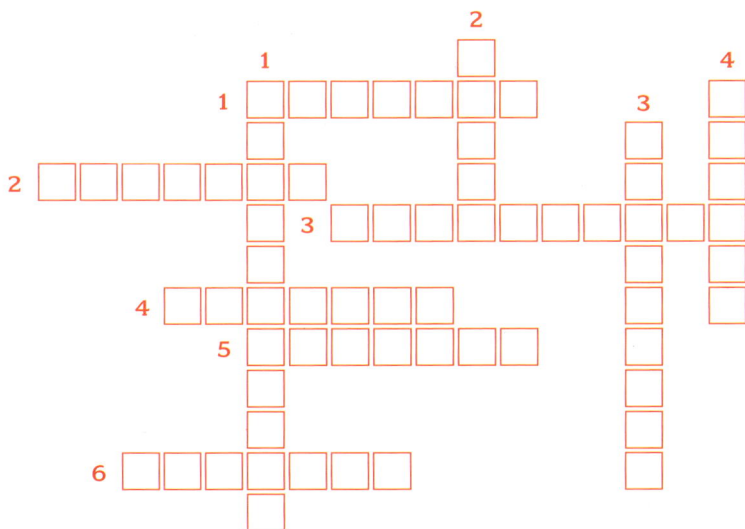

Gramática

El pretérito imperfecto de indicativo

	Merendar	Volver	Pedir
yo	merendaba	volvía	pedía
tú	merendabas	volvías	pedías
él / ella / usted	merendaba	volvía	pedía
nosotros/as	merendábamos	volvíamos	pedíamos
vosotros/as	merendábais	volvíais	pedíais
ellos / ellas / ustedes	merendaban	volvían	pedían

Solo hay tres verbos irregulares: *ser*, *ver* e *ir*.

	Ser	Ver	Ir
yo	era	veía	iba
tú	eras	veías	ibas
él / ella / usted	era	veía	iba
nosotros/as	éramos	veíamos	íbamos
vosotros/as	erais	veíais	íbais
ellos / ellas / ustedes	eran	veían	iban

Se utiliza el imperfecto para hablar de acciones habituales en el pasado.
*De pequeño le **pedía** siempre permiso a mis padres para ir a jugar.*

4 Completa la siguiente tabla con los verbos en presente e imperfecto, en la primera persona del singular.

Infinitivo	Presente	Imperfecto
vivir	1	2 ....
coger	3	cogía
ir	voy	4 ....
querer	5	quería
saber	sé	6 ....
reírse	me río	7 ....
decir	8	decía
conocer	conozco	9 ....

5 Conjuga los verbos entre paréntesis en imperfecto de indicativo.

1 Antes, los niños (*mirar*) .... mucho la televisión, pero ahora no.

2 Cuando era pequeño, yo (*vivir*) .... en esta calle.

3 En verano, nosotras (*ir*) .... todas las tardes a la playa.

4 ¿Vosotros ya os (*conocer*) ....?

5 De niña, ella siempre (*acostarse*) .... a las nueve y media de la noche.

6 De pequeños, mi hermana y la tuya (*pelearse*) ....
siempre.

Producción escrita

6 **DELE** Imagina que tienes un amigo que vive muy lejos y al que le cuentas todo lo que haces. Escríbele un correo electrónico en el que cuentas lo que hacías normalmente cuando tenías 10 años.

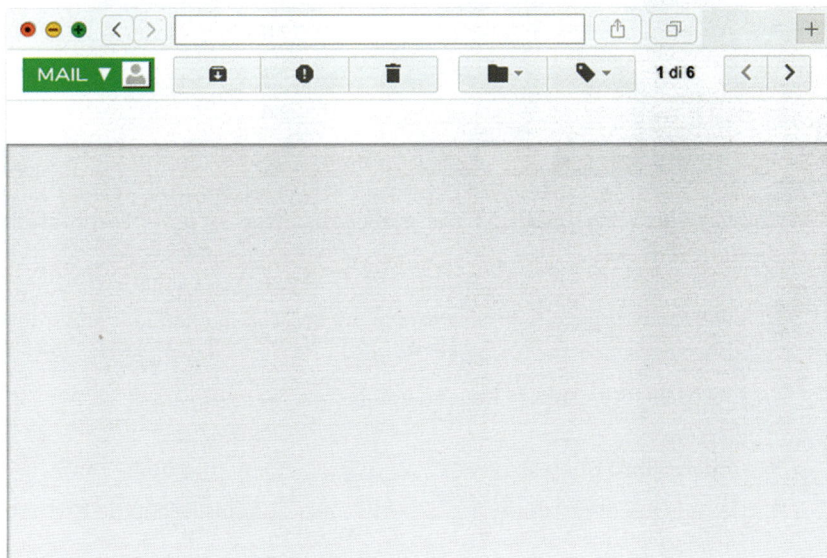

MAIL ▼   1 di 6

Antes de leer

1 A lo largo del capítulo 4 encontrarás estas palabras. Relaciónalas con las fotos.

a   estante   c   librería   e   helado
b   escúter   d   cascos   f   caricatura

1 ☐   2 ☐   3 ☐

4 ☐   5 ☐   6 ☐

2 Ahora utiliza las palabras del ejercicio anterior para completar las siguientes frases.

1   Esta tarde quiero salir a comprarme un .... de pistacho y almendras.

2   Marta, si no te quitas los .... no oyes lo que te dice tu padre.

3   Coge el libro que está en el .... encima de tu cama.

4   ¡Ja, ja! Qué divertida esa .... que has hecho de ese actor famoso.

5   Tengo que salir para ir a la .... a comprar un diccionario de español.

6   ¡Ya tengo 16 años y puedo comprarme ese .... roja que me gusta tanto!

Una tarde con los amigos

os días y las semanas pasan. Amaia y sus amigos empiezan a estar cansados del instituto. Ya sueñan con las vacaciones, pero todavía hay que ir a clase, hacer los deberes, estudiar y, sobre todo, repasar todas las asignaturas. El fin del curso se acerca cada vez más y la tensión aumenta. Amaia siempre ha sacado buenas notas, pero los cuatro controles que le quedan le preocupan un poco, sobre todo el de Historia del Arte: es oral y tiene miedo de no conseguir hablar durante el examen. Se pregunta quiénes serán los profes del tribunal.[1] Hay noches en las que tiene pesadillas: los profes la miran con una expresión muy severa, ella quiere hablar, pero no es capaz de decir ni una palabra.

Le ha contado esta pesadilla a sus amigos de friendBook.

pista 06

---

1. **tribunal** : grupo de personas autorizadas para evaluar en un examen.

Cuando Mikel ha leído su comentario, se ha echado a reír y le ha contestado:

> ¡¿Estás loca?! ¡Claro que vas a aprobar! ¡Eres una de las mejores de nuestro curso!

También Garino le ha contestado, pero a su manera. En su página de friendBook ha colgado la caricatura de un profesor y un mensaje que Amaia sabe que es para ella:

> Antes de un examen, yo tenía siempre la misma pesadilla: leo lo que tengo que hacer y estoy tranquilo porque sé hacerlo. Estoy concentrado, sé contestar, pero mi boli no escribe. Cojo otro boli, pero tampoco escribe. Tengo un estuche lleno de bolis pero ninguno escribe. Me despierto asustadísimo.

Amaia todavía no ha aceptado su solicitud de amistad, pero Garino sabe que la chica puede leer los mensajes que cuelga. Y ella todos los días mira su página y siempre ve un enlace de alguna canción. Amaia las escucha todas, de manera que descubre cantantes y bandas que no conocía.

Hoy por la tarde, Amaia tiene una cita con Mikel y Luisa en la sección de tebeos de la mejor librería de Bilbao. Luisa llega tarde. Mientras esperan a su amiga, Mikel y Amaia se sientan en el suelo y hojean juntos las últimas novedades de mangas[2]. A Mikel le encantan los tebeos japoneses de ciencia ficción, mientras que Amaia prefiere los de amistad. A ambos les apasionan los tebeos: los dibujos, las historias... les encanta todo.

---

2. **manga**: tebeos japonés.

—¡Hola! Lo siento, llego un poco tarde... —dice Luisa.

Amaia y Mikel apenas levantan la mirada de la revista.

—¡Mira, Amaia! El último número de... —pero Mikel no consigue terminar la frase.

—¡¿Otra vez esos mangas?! —le grita Luisa—. Sabes que a mí no me gustan, me parecen todos iguales.

De mala gana, Mikel deja el tebeo en el estante.

—¿No lo compras? —le pregunta Amaia.

—No, no tengo bastante dinero. Tengo que comprar un CD para mi hermano, por su cumpleaños. Pero si alguien me lo quiere regalar por el mío...

—¿Por qué no se lo pides a tus padres? Quizá la colección completa... —le dice en broma Luisa.

—No, ¡a mis padres por mi cumple les he pedido un escúter para ir al instituto!

—Un escúter... —le dice Luisa suspirando—. Yo no se lo puedo pedir a mis padres ni en sueños. Me parece oírlos: «¿Un escúter? ¿A tu edad? Es demasiado peligroso, ¡con la cantidad de coches que hay en la calle!».

Los tres amigos se echan a reír y van a la sección de música.

—¿Me ayudáis a elegir el CD? —pregunta Mikel.

—¿Qué le gusta a tu hermano? —le pregunta Amaia.

—A él le gusta el heavy metal.

Amaia odia el heavy metal. Busca algo en los estantes, pero sin ganas. ¡Mira! Simon y Garfunkel... y ¡Los Bravos!

Garino le ha hablado de Los Bravos. Coge uno de los cascos a disposición de los clientes, se los pone y escucha los discos. Está tan absorta con la música, que no oye a Mikel y a Luisa cuando llegan. Mikel le coge uno de los cascos para escuchar él también.

—¿Qué escuchas? —le pregunta Mikel—. ¡Puf! ¡No busco un regalo para mis padres, sino para mi hermano! ¿A ti te gusta esta música?

Amaia, enfadada, fulmina a Mikel con la mirada. Él entiende que es mejor no insistir más.

Amaia no quiere hablar de Garino, así que cambia de tema.

—¿Has encontrado algo para tu hermano?

—No. Creo que le voy a coger una tarjeta regalo, así elige él lo que quiere escuchar en su lector. Bien, ¿qué hacemos ahora? —pregunta Mikel.

—Yo tengo que volver a mi casa para las cinco —dice Luisa—. ¡No quiero llegar tarde!

Mikel, un poco decepcionado, mira a Amaia y le pregunta.

—¿Y tú?

—Yo no tengo problemas de horario, pero quiero repasar un poco.

—¿Entonces te vas a casa?

—Sí, pero antes... ¿nos vamos a tomar un helado?

—¡Vale!

Saludan a Luisa y van a comprarse los helados: uno de chocolate para Mikel, otro de vainilla y frambuesa para Amaia. Dan un paseo por la zona de Abandoibarra, junto al museo Guggenheim, y hablan de lo que quieren hacer en verano.

Después de leer

Comprensión lectora

1 **Elige la opción correcta.**

1 Amaia...
- **a** ☐ ha sacado una buena nota en Historia del Arte.
- **b** ☐ tiene miedo de no superar el examen final.
- **c** ☐ está preocupada por el examen de Historia del Arte.

2 Garino...
- **a** ☐ no llevaba bolígrafos a los exámenes.
- **b** ☐ tenía miedo a los exámenes.
- **c** ☐ ha colgado una caricatura en la página de Amaia.

3 Los tebeos japoneses son...
- **a** ☐ la pasión de Luisa.
- **b** ☐ la pasión de los tres amigos.
- **c** ☐ la pasión de Mikel y Amaia.

4 Mikel, por su cumpleaños, quiere...
- **a** ☐ una moto.
- **b** ☐ una colección de mangas.
- **c** ☐ un CD de música.

5 Mikel...
- **a** ☐ ya eligió el regalo para su hermano.
- **b** ☐ le compró un CD a su hermano.
- **c** ☐ todavía no ha decidido qué regalarle a su hermano.

6 Cuando salen de la librería...
- **a** ☐ Amaia y Mikel se despiden.
- **b** ☐ Amaia y Luisa van a comer un helado.
- **c** ☐ Mikel y Amaia dan un paseo.

Comprensión auditiva

🔊 **pista 06**

2 Vuelve a escuchar el capítulo 4 y pon en orden cronológico las siguientes afirmaciones.

a ☐ Mikel dice que tiene que elegir un regalo para su hermano.

b ☐ Garino escribe un mensaje en su muro de friendBook.

c ☐ Amaia por las noches tiene pesadillas con el examen de Historia del Arte

d ☐ Luisa se disculpa por llegar tarde.

e ☐ Mikel le dice a Amaia que no debe tener miedo.

f ☐ Amaia y Mikel van a comprar un helado.

g ☐ Amaia, Luisa y Mikel se despiden.

h ☐ Amaia y Mikel están echando un vistazo a los tebeos.

Léxico

3 Busca en el texto y escribe las palabras que se refieren a las siguientes definiciones.

1 ....: vale prepagado que se da a alguien para regalo.

2 ....: superar un examen.

3 ....: cómic japonés.

4 ....: sueño que produce miedo.

5 ....: en Internet, palabra que te permite ir a una página si cliqueas sobre ella.

6 ....: caja donde se guarda el material escolar como bolígrafos o lápices.

4 Asocia los sabores de los helados con sus nombres correspondientes.

a frambuesa b vainilla c pistacho d chocolate

1 ☐   2 ☐   3 ☐   4 ☐

Gramática

El pretérito perfecto compuesto de indicativo

	Auxiliar *haber*		Participio
yo	he		-**ado** (-ar) → habl**ado**
tú	has		
él/ella, usted	ha	+	-**ido** (-er) → beb**ido**
nosotros/as	hemos		
vosotros/as	habéis		
ellos/as, ustedes	han		-**ido** (-er) → viv**ido**

Algunos participios irregulares:

romper	→ roto	escribir	→ escrito	poner	→ puesto
hacer	→ hecho	decir	→ dicho	volver	→ vuelto
abrir	→ abierto	ver	→ visto	ir	→ ido

Por mi cumple les **he pedido** *a mis padres un móvil nuevo.*
*¿***Has leído** *algún libro interesante este verano?*

Los participios regulares de la 2.ª y 3.ª conjugación tienen la misma desinencia. En español solo existe el auxiliar *haber.* El pretérito perfecto compuesto se usa para hablar de acciones pasadas que mantienen relación con el presente.

5 Ahora busca en este capítulo otras 6 formas verbales de pretérito perfecto compuesto, luego escríbelas aquí.

1 ....

2 ....

3 ....

4 ....

5 ....

6 ....

7 ....

8 ....

6 Completa el texto con los verbos del recuadro, conjugándolos en pretérito perfecto compuesto.

> quedar tener tomar contestar ayudar
> leer llegar echar contar

El verano se acerca, pero los tres amigos todavía tienen que ir a clase y hacer los exámenes. Últimamente Amaia (**1**)............................ pesadillas con el examen oral de Historia del Arte y se las (**2**)............................ a sus amigos en su página de friendBook. Mikel (**3**)............................ el comentario y le (**4**)............................ que no se debe preocupar.

Hoy, por la tarde, los tres amigos (**5**)............................ en una librería de Bilbao. Luisa (**6**)............................ tarde. Amaia y Mikel, mientras la esperaban, (**7**)............................ un vistazo a los tebeos. Después Amaia y Luisa (**8**)............................ a Mikel a buscar un regalo para su hermano. Y antes de volver a casa, Amaia y Mikel (**9**)............................ un helado.

7 Ahora completa las frases conjugando los verbos entre paréntesis en pretérito perfecto compuesto.

1 Esta mañana Felipe (*levantarse*) .... muy temprano.
2 ¡Por fin (*llegar, tú*) ....! ¡Te (*esperar*) .... media hora!
3 Marta y Lucía (*conseguir*) .... las entradas para el concierto de esta noche.
4 Hoy yo no (*ir*) .... a clase porque no me encontraba bien.
5 Chicos, ¿os (*gustar*) .... el libro que (*leer, nosotros*) .... en clase?
6 Amaia, ¿(*descubrir, tú*) .... quién es el chico que te ha pedido la amistad en friendBook?

Expresión oral

8 Cuéntales a tus padres una cosa interesante que has hecho en estos últimos días.

Los tebeos

Se pueden llamar cómics o historietas ilustradas, pero su nombre más popular en España sigue siendo "tebeos": son esas historias en viñetas con un texto que completa la situación, que tanto les gustan a los chicos. Sus protagonistas pueden ser superhéroes enmascarados que cumplen alguna misión imposible o simplemente personajes divertidos e irónicos que intentan sobrevivir en la vida real, todos ellos dibujados por la mano de artistas famosos o tal vez conocidos solo por los aficionados de un género que entretiene desde hace casi dos siglos a los jóvenes de todo el mundo, y que para muchos niños representa el primer contacto que se tiene con la literatura.

¿Por qué "tebeos"?

A principios del siglo XX, en España aparece una revista de historietas ilustradas que se llama *T.B.O.* Su éxito es extraordinario, llegando a ser la revista infantil más vendida en el país. De este modo, en poco tiempo, los jóvenes empiezan a identificar las historietas con el nombre de la revista, y piden los "tebeos" en los quioscos.

En sus páginas, y en las de otras revistas que con el tiempo van naciendo, los chicos leen las aventuras de personajes que hoy en día son casi míticos, como *Pulgarcito*, *Jaimito*, *El capitán Trueno*, *Zipi y Zape* o *Mortadelo y Filemón*; sin contar la multitud de superhéroes que, a partir de los años Setenta, llegan a la Península (*Spiderman*, *Flash Gordon*, *los X-Men* o *La liga de la Justicia*, entre otros), o los de los *mangas* japoneses (*Naruto*, *Inuyasha*, *los Pokémon*, *Kagome*...) que invaden el mercado europeo en las últimas décadas del siglo XX.

Los tebeos en el siglo XXI

Pero, aunque los cómics nacieron para entretener a los niños y jóvenes, con el tiempo han evolucionado hasta transformarse en un género literario que ha elaborado un lenguaje especial y ha llegado a tener mucho éxito incluso entre los adultos, con historias que ya no son solo divertidas o fantásticas, sino que tratan temas de la vida cotidiana o de crítica social. Hoy día, se abren escuelas para dibujantes de cómics y se puede decir que el cómic ha terminado por condicionar incluso el cine, ya que son cada vez más las películas basadas en las historietas (en España, muy interesante es el caso del cómic *Arrugas*, de Paco Rocas, que ganó en 2011 el premio Goya en su categoría).

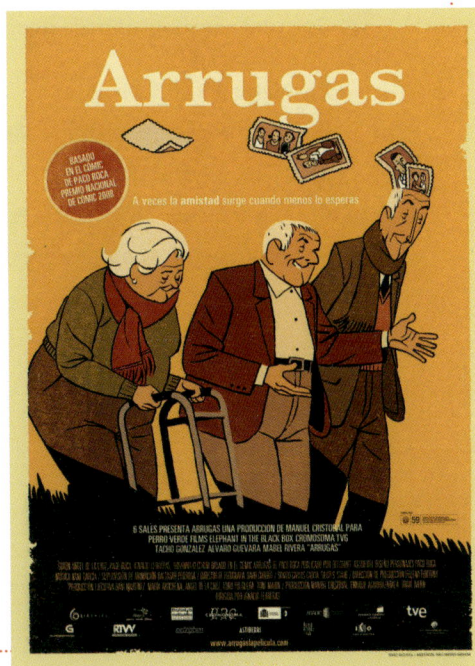

Pero no solo, porque existe un mercado internacional de tebeos antiguos que se coleccionan y se venden muy caros, y en muchos países se abren tiendas que venden exclusivamente tebeos y se organizan exposiciones internacionales en las que se presentan las novedades de un sector editorial que parece no conocer crisis.

El lenguaje del cómic

viñeta: recuadro en que aparece la ilustración

tira: serie de viñetas que representan la historia

bocadillo o **globo**: "nube" donde aparece el texto que acompaña las imágenes

onomatopeya: palabra o signo que reproduce un sonido o un ruido

Comprensión lectora

1 Contesta las siguientes preguntas.

1 ¿Qué son los tebeos?

2 ¿Por qué en España se llaman tebeos?

3 ¿Qué es una tira?

4 ¿Qué es un "bocadillo" en el lenguaje del cómic?

5 ¿Conoces algún personaje de cómic famoso en tu país? ¿Quién es?

Antes de leer

1 A lo largo del capítulo 5 encontrarás estas palabras. Relaciónalas con las fotos.

a   bolso   c   bici   e   habitación
b   atasco   d   huevo   f   bolsa

1

2

3

4

5

6

2 Ahora fíjate en la ilustración de la pág. 55 y contesta las siguientes preguntas.

1   ¿En qué habitación de la casa está Amaia?
2   En tu opinión, ¿cuál es su estado de ánimo? ¿Por qué?
3   ¿Qué muebles consigues reconocer en esa habitación?
4   ¿Cómo se llama el objeto que está encima de la silla?

No sabe qué responder. Amaia insiste y al final su abuelo se ve obligado a revelarle que él es Garino.

La chica se va llorando a su habitación.

En la cocina, su abuelo cuenta que ha buscado la página de su nieta en friendBook solo para conocerla mejor e intentar charlar un poco con ella.

Leticia está enfadadísima con él.

—¡Te has equivocado! ¿Por qué no le has dicho desde el principio quién eras? ¡Lo que has hecho no está nada bien!

Iker es menos severo.

—¡Pero no es tan grave! ¡No lo ha hecho con malas intenciones!

El abuelo asegura que no lo ha hecho para controlar a Amaia, pero Leticia es inflexible.

El abuelo está realmente disgustado. Llama a la puerta del cuarto de Amaia: quiere explicarle por qué le llaman Garino, porque sus amigos lo conocen con ese nombre, pero ella no quiere abrirle, y no quiere participar en la comida de cumpleaños. Nadie consigue convencerla.

Amaia sale de su habitación únicamente para subir al coche, cuando se vuelven para casa.

De regreso, Amaia no dice una palabra. Se siente herida, decepcionada y enfadada.

Su madre está muy molesta. Entiende a su hija, pero también entiende a su padre. Intenta justificarlo.

—Amaia, tu abuelo no quiere espiarte. Está solo intentando charlar un poco contigo. Cuando estamos en Gernika no hablas nunca con él y ya es mucho si le contestas cuando te hace una pregunta.

Pero frente a estas razones, Amaia solo tiene una respuesta:

—¿Por qué utilizar un nombre falso? ¿Por qué no usar el suyo?

—Porque no habrías aceptado su solicitud. De todos modos, Garino no es un nombre falso del todo. "Ga" es la primera sílaba de su nombre: ¡Gabriel!

—¿Y "rino" quién es? ¿Un rinoceronte? ¡Ya vale, mamá! —dice Amaia, que todavía está muy enfadada—. No quiero hablar más de eso.

Madre e hija no hablan más durante todo el viaje. Cuando llegan a casa, Amaia va directamente a su habitación. Prepara la bolsa para ir a casa de su padre. Quiere irse pero no puede. Antes de acostarse, enciende el ordenador y bloquea a Garino en friendBook. No quiere ni leer el mensaje que su abuelo le ha enviado hace unos minutos. Ella sabe perfectamente que su abuelo solo quiere pedirle perdón, explicarle la razón, pero ella no quiere saber nada de él.

Después de leer

Comprensión lectora

1 **Marca con una X si las afirmaciones son verdaderas (V) o falsas (F).**

		V	F
1	Amaia y su madre van a visitar a sus primos.	☐	☐
2	Este fin de semana es el cumpleaños del abuelo.	☐	☐
3	Amaia y su madre dejaron el regalo para el abuelo en la cocina.	☐	☐
4	Iker está preocupado por el examen de Matemáticas.	☐	☐
5	Amaia dice que ya no tiene pesadillas.	☐	☐
6	La tía de Amaia regaña a su abuelo.	☐	☐
7	Leticia está enfadada con Amaia.	☐	☐
8	Amaia se encierra en su habitación.	☐	☐
9	El abuelo no se arrepiente por lo que ha hecho a Amaia.	☐	☐
10	Amaia no habla con su madre en el viaje de vuelta a casa.	☐	☐
11	La madre de Amaia no entiende al abuelo.	☐	☐
12	Amaia prepara su bolsa y se va a casa de su padre.	☐	☐

Comprensión auditiva

pista 07

2 **Vuelve a escuchar el capítulo 5 y marca con una X las afirmaciones que escuchas.**

1	☐	Amaia y sus primos se ven a menudo.
2	☐	Amaia da un paseo en bici con sus primos.
3	☐	Amaia rompe el bote de mayonesa.
4	☐	Amaia descubre quién es Garino.
5	☐	El abuelo no quería espiar a Amaia a través de Internet.
6	☐	El abuelo de Amaia le escribe un mensaje para pedirle perdón.
7	☐	El abuelo le explica a Amaia que Garino es un nombre falso.
8	☐	Amaia sabe que su abuelo quiere pedirle perdón.

Gramática

El verbo *tener* y la construcción *tener que*

	presente de ind.	pret. imperfecto	participio
yo	tengo	tenía	
tú	tienes	tenías	
él/ella, usted	tiene	tenía	tenido
nosotros/as	tenemos	teníamos	
vosotros/as	tenéis	teníais	
ellos/as, ustedes	tienen	tenían	

El verbo *tener* indica posesión (de un objeto o de una característica).

Ej. *Yo **tengo** muchos juegos en mi casa.*

   *Mis padres **tienen** la misma edad.*

La construcción **tener que** indica obligación personal. Es equivalente al verbo **deber**.

Ej. *Para mañana **tenemos que** hacer muchos deberes.*

Hay que

Es una construcción impersonal (o sea que no se conjuga según el sujeto de la acción) e indica obligación.

Hay que *comprar agua, porque se ha terminado.*

3 Completa las frases con *tener*, *tener que* o *hay que*, conjugando los verbos en el tiempo correcto.

1 No puedo ir al cine, ... trabajar.
2 Cuando yo era pequeño, mis padres .... una casa en la montaña.
3 Durante el último año, Ana .... pasar sus vacaciones en su casa.
4 Para ir a América .... coger el avión.
5 Si quieres vivir en Berlín .... aprender alemán.
6 Esta mañana, mi padre .... ir pronto al trabajo.
7 Cada año .... pagar los impuestos.
8 Mario .... mucha suerte, porque ha ganado la lotería.

4 Busca en la sopa de letras las palabras que corresponden a las siguientes imágenes.

1

2

3

4

5

6

7

8

```
F T A R T A A B B E I C
U Y N O Q U E S O B A H
O K P A S E O V C M R O
G A L L E T A I A K R C
M X O I R N X S D I O O
I P E S C A D O I O Z L
R E H N E Z I P L L A A
Q Z U O I C F I L M Q T
A C E I T E C L O X I E
S A V J V I N A G R E Z
I L O H U Z T Y O G U R
M A Y O N E S A G U L P
```

9

10

11

12

Expresión escrita y oral

5 `DELE` Escribe la receta de tu plato favorito. Escribe primero los ingredientes, luego los pasos que hay que seguir para su elaboración. Una vez completada la receta, descríbesela a tus compañeros.

Antes de leer

1 A lo largo del capítulo 6 encontrarás estas palabras. Relaciónalas con las definiciones.

a seudónimo	**c** perfil	**e** mayor	**g** dinámico
b disponible	**d** colegio	**f** escapar	**h** choque

1 ☐ Se dice de una persona que tiene una edad bastante avanzada.

2 ☐ Nombre falso utilizado por alguien para encubrir su nombre verdadero.

3 ☐ Que tiene un carácter amable y siempre está a disposición para hacer algo.

4 ☐ Estado psicológico que es consecuencia de una fuerte conmoción o impresión.

5 ☐ Se dice de alguien que es muy activo y tiene mucha energía.

6 ☐ Irse deprisa o a escondidas de un lugar.

7 ☐ Centro de enseñanza para la educación primaria.

8 ☐ En una red social, página que una persona tiene, donde aparecen sus datos, sus fotos y las cosas que cuelga en su muro.

2 En el capítulo 6 encontrarás tambíen la siguiente palabra. ¿Sabrías escribir su definición?

portátil: ....
....
....

Nada funciona

En casa de su padre, Amaia no quiere pensar más en su desaventura. Está enfadadísima con su abuelo, pero también consigo misma. A fin de cuentas, su perfil en friendBook es público y su abuelo puede mirarlo como cualquier otra persona. Pero ella está enfadada porque su abuelo la ha engañado: ha utilizado un seudónimo y le ha mostrado un carácter totalmente diferente del suyo. Para ella, su abuelo es demasiado serio, demasiado tranquilo, y no le interesa el mundo de hoy. En cambio, Garino es dinámico, divertido, abierto. Amaia habla mucho de esto con Miren, porque ella está muy acostumbrada a este tipo de historias.

—Sabes... en las redes sociales pueden pasar cosas más graves —le dice Miren—. Por ejemplo a Samir, un chico de 12 años... primero ha aceptado la solicitud de amistad de una persona con un perfil muy interesante: simpática, abierta, disponible; después,

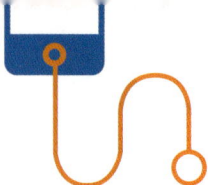

—No, ni pensarlo. ¡De momento no quiero ni verlo ni hablarle!

—Pero… ¡eso es de tontos, Amaia! —añade Luisa—. Estoy segura de que no quiere engañarte, y solo quiere comunicar contigo. Además… dices que Garino es un tipo simpático, abierto, que te ha dado buenos consejos, que te ha hecho descubrir la música que él ama. Yo creo —le dice Luisa— que debes aceptar la idea de que tu abuelo es también Garino, ¡y que no es tan aburrido!

Amaia sabe que Luisa tiene razón. Pero no entiende por qué su abuelo ha utilizado un seudónimo para ponerse en contacto con ella. ¡Eso es lo que no puede aguantar![2]

---

2.   **aguantar** : soportar.

Después de leer

Comprensión lectora

1 **Elige la opción correcta.**

1   El abuelo de Amaia...

    a ☐ usa un nombre falso en la red.

    b ☐ tiene un perfil público.

    c ☐ y Garino tienen el mismo carácter.

2   Samir...

    a ☐ tiene casi 13 años.

    b ☐ aceptó la amistad de un chico desconocido.

    c ☐ denunció un contacto suyo en la red.

3   El padre de Amaia y Amaia...

    a ☐ van a Madrid la primera semana de julio.

    b ☐ van a Londres del 18 al 23 de junio.

    c ☐ ya no van juntos a Madrid.

4   Amaia está enfadada...

    a ☐ solo con su madre.

    b ☐ solo con su padre.

    c ☐ con todas las personas mayores.

5   Isabel dice al abuelo de Amaia que...

    a ☐ Amaia es muy orgullosa.

    b ☐ debe explicarle a Amaia qué significa su seudónimo.

    c ☐ no conoce bien a Amaia.

6   Luisa le dice a Amaia que...

    a ☐ sabe guardar bien los secretos.

    b ☐ debe hablar con su abuelo.

    c ☐ su abuelo usa un seudónimo.

Comprensión auditiva

2 Escucha el siguiente fragmento del capítulo 6 y completa los huecos con las palabras correctas.

pista 09

En casa de su padre, Amaia no quiere pensar más en su
(**1**)............................ . Está enfadadísima con su abuelo, pero también
(**2**)........................... misma. A fin de cuentas, su perfil en friendBook
es público y su abuelo puede mirarlo como (**3**)........................... otra
persona. Pero ella está enfadada porque su abuelo la ha engañado:
ha utilizado un (**4**)........................... y le ha mostrado un carácter
totalmente diferente del suyo. Para ella, su abuelo es demasiado serio,
demasiado tranquilo, y no le interesa el mundo de (**5**)........................... .
En cambio, Garino es dinámico, divertido, abierto. Amaia habla mucho
de esto con Miren, porque ella está muy acostumbrada a este tipo de
(**6**)........................... .

Léxico

3 Relaciona las dos columnas, uniendo cada término (1-8) con su antónimo (a-h).

0	i	simpático	**a**	idéntico
1		diferente	**b**	contento
2		orgulloso	**c**	sincero
3		hipócrita	**d**	nervioso
4		tonto	**e**	humilde
5		tranquilo	**f**	cerrado
6		aburrido	**g**	inteligente
7		triste	**h**	divertido
8		abierto	**i**	antipático

4 Escribe 9 frases utilizando las palabras que has encontrado en el ejercicio anterior.

Gramática

El pretérito indefinido de indicativo

	Cantar	Comer	Escribir
Yo	canté	comí	escribí
Tú	cantaste	comiste	escribiste
El/ella, usted	cantó	comió	escribió
Nosotros/as	cantamos	comimos	escribimos
Vosotros/as	cantasteis	comisteis	escribisteis
Ellos/as, ustedes	cantaron	comieron	escribieron

Los verbos de la 2.ª y 3.ª conjugación cuya raíz termina en **vocal**, en la 3.ª persona singular cambian la *i* en **y**.

Ej. *Anoche, Mario* **leyó** *un artículo muy interesante.*

Algunos verbos irregulares:

	Ser/Ir	Dar	Pedir
Yo	fui	di	pedí
Tú	fuiste	diste	pediste
El/ella, usted	fue	dio	pidió
Nosotros/as	fuimos	dimos	pedimos
Vosotros/as	fuisteis	disteis	pedisteis
Ellos/as, ustedes	fueron	dieron	pidieron

Los verbos *ser* e *ir* tienen la misma forma.

Los verbos de 3.ª conjugación con irregularidad vocálica (E>I) mantienen la irregularidad en la 3.ª persona de singular y plural.

Ayer **fue** *un día muy divertido, porque* **fui** *con mi familia a un parque temático.*

Laura **se vistió** *deprisa porque tenía que salir rápido de su casa.*

El pretérito indefinido se usa para hablar de acciones pasadas que no mantienen relación con el presente.

5 Conjuga los verbos entre paréntesis en pretérito indefinido.

1 ¡Anoche nosotros (*escuchar*) .... un concierto muy guay!

2 Clara, ¿me puedes devolver el disco que te (*dar, yo*) ....?

3 En el portátil de Amaia (*aparecer*) .... el icono de un mensaje nuevo.

4 Cuando (*acabar, nosotros*) .... la universidad, todos mis amigos (*irse*) .... a vivir a otras ciudades.

5 Los chicos (*avisar*) .... a la Policía de que alguien quería estafarles.

6 Marta, ¿te acuerdas de aquella carta que te (*escribir, yo*) .... hace unos meses?

7 La semana pasada, mis padres (*deber*) .... ir a Madrid por trabajo.

8 Marcos (*ser*) .... un futbolista profesional cuando era joven.

Antes de leer

1 A lo largo del capítulo 7 encontrarás estas palabras. Relaciónalas con las definiciones.

a escenario
b pantalla
c periódico
d acudir
e anuncio
f poner una pega tras otra

1 ☐ Publicación informativa que sale todos los días.

2 ☐ Mensaje que se escribe para dar publicidad a algo.

3 ☐ Parte de un local donde se realiza la representación de un espectáculo.

4 ☐ Superficie plana donde aparecen las imágenes de un dispositivo electrónico.

5 ☐ Decir todas las dificultades e inconvenientes que pueden surgir cuando se hace algo.

6 ☐ Ir a un lugar, participar a un acontecimiento.

—¡Mamá! ¿Qué ha pasado? ¡Son casi las ocho! —le dice Amaia preocupada.

—¿No has leído mi mensaje? —dice Isabel.

—Sí, pero... ¿dónde has estado? No sueles volver tan tarde.

—Yo... —Isabel intenta encontrar una excusa— es que hay un atasco en la carretera que sale del centro.

Es la primera vez que Isabel le miente a su hija, pero esta vez es necesario: Amaia no debe saber nada. Va a necesitar incluso la ayuda de Mikel para llevar a cabo su plan.

Después de cenar, mientras Amaia se ducha, Isabel llama a Mikel al móvil. Él está en su habitación, porque está estudiando para el último examen de Historia del curso. Se sorprende cuando ve aparecer en la pantalla del móvil un número oculto.

—¿Dígame?

—Hola, Mikel, buenas noches. Soy Isabel, la madre de Amaia.

—Buenas noches, señora —le contesta Mikel, un poco sorprendido—. ¿Le ha pasado algo a Amaia?

—No, no, tranquilo. Está todo bien —le tranquiliza ella—. Solo quiero pedirte un favor.

—Vale, si puedo... no hay ningún problema. —le dice Mikel.

—Quiero darle una sorpresa a Amaia para el Día de la Música. Quiero llevarla a Pamplona.

—¡Oh! ¡Seguro que le encanta la idea! Tenía que ir a Madrid, pero al final no va.

—Sí, sí, lo sé —dice la madre de Amaia—. Pero si se lo propongo yo, seguro que me dice que no, porque en estos días hay un poco de turbulencia aquí en nuestra familia.

Isabel le explica a Mikel que quiere contentar a su hija, después de la decepción de no poder ir a Madrid. Pero no le cuenta nada de lo que pasa entre ella y su abuelo. Mikel le dice que está bien.

—Seguro que acepta. Últimamente parece muy triste. —añade al final el chico.

—Muchas gracias, Mikel —le dice Isabel—. Entonces, cuando te envío el mensaje para confirmártelo todo, se lo puedes proponer a Amaia. ¿Vale?

—¡Ningún problema! —le contesta Mikel antes de colgar.

Dos días después, Isabel recibe un mensaje de su padre:

> Bien lo del 21 de junio.

Ella lo llama enseguida.

—Hola papá, ¿qué tal? ¿Al final Ricardo y Noemi han aceptado?

—¡Sí, y les apetece muchísimo! —dice Gabriel.

—¡Qué bien! ¡Seguro que todo va a salir fenomenal! Estoy segura de que Amaia va a entender la situación, y vosotros... ¡seguro que vosotros os divertís mucho! —dice Isabel a su padre antes de saludarle.

Solo queda una cosa importante por hacer: llamar al Diario de noticias, el periódico local de Pamplona, para publicar un anuncio.

> ¡Garino ha vuelto! Va a tocar en la plaza de la Universidad en el Día de la Música, el 21 de junio. A partir de las 22 h.

Amaia no lee nunca los periódicos, y seguro que no ve el anuncio. Al revés, los que conocen a Garino quizás lo leen y acuden a la cita.

Para terminar, le envía un mensaje a Mikel.

> Todo bien. Ahora se lo puedes proponer a Amaia. ¡Gracias!

Después de leer

Comprensión lectora

1 **Contesta las siguientes preguntas.**

1   ¿Quién tiene un plan? ¿De qué plan se trata?

2   ¿Quién toca un instrumento sin ser visto? ¿Qué instrumento es?

3   ¿Quién ha enviado un mensaje a Amaia? ¿Qué dice el mensaje?

4   ¿Por qué Mikel está estudiando en su cuarto cuando recibe el mensaje?

5   ¿Por qué Isabel le propone a su padre organizar un concierto en Pamplona?

6   ¿Por qué Isabel llama a Mikel a escondidas? ¿Qué le quiere decir?

Comprensión auditiva y léxico

2 **Vuelve a escuchar el capítulo 7 y después rellena los huecos vacíos con el sinónimo que les corresponde (a-h).**

pista 10

a	llamada	d	coches	g	sorpresa
b	mensaje	e	tráfico	h	paz
c	impracticable	f	propuesta		

1   La madre de Amaia no sabe cómo restablecer la .... en su familia.

2   Gabriel cree que el plan de su hija es ....

3   La madre de Amaia llega tarde a casa, porque había mucho ....

4   Mikel no esperaba la .... de Isabel.

5   Isabel quiere darle una .... a su hija.

6   Los amigos del abuelo aceptaron la .... de Isabel.

7   Isabel le envía un .... a Mikel para confirmarle el plan.

8   Ha habido un accidente entre dos .... y he tardado mucho en llegar.

Gramática

El pretérito indefinido (verbos con raíz irregular)

saber ≠ **sup-**		
poder ≠ **pud-**	**-e**	
poner ≠ **pus-**	**-iste**	
tener ≠ **tuv-**	**-o**	+
estar ≠ **estuv-**	**-imos**	
querer ≠ **quis-**	**-isteis**	
venir ≠ **vin-**	**-ieron**	
hacer ≠ **hic-/hiz-**		

traer ≠ **traj-**	**-e**	
introducir ≠ **introduj-**	**-iste**	
conducir ≠ **conduj-**	**-o**	+
decir ≠ **dij-**	**-imos**	
	-isteis	
	-eron	

El verbo **hacer** tiene un cambio de consonante en la raíz para la 3.ª persona de singular. **Ayer** nosotros **hicimos** un juego muy divertido.

3 Completa las frases conjugando los verbos entre paréntesis en pretérito indefinido.

1 (*Encontrar, yo*) .... una solución a su problema.
2 Ellos (*beber*) .... todos los refrescos.
3 ¿(*Leer, vosotros*) .... la última novela de ese escritor?
4 ¿Le (*escribir, tú*) .... el correo a tu hermana?
5 Nosotros no (*invitar*) .... a su hermano a la fiesta.

4 Ahora completa las frases con los verbos irregulares en pretérito indefinido.

1 No (*poder, nosotros*) .... irnos de vacaciones porque (*ponerse*) .... enfermos.
2 José (*tener*) .... una idea para resolver la situación.
3 Samuel anoche (*hacer*) .... la cena.
4 La semana pasada (*venir*) .... unos amigos a nuestra casa.
5 Le (*dar, yo*) .... el regalo a Julia por su cumpleaños.
6 El año pasado la empresa (*producir*) .... muchos coches.

5 Ahora busca en la sopa de letras los verbos en pretérito indefinido que resultan de las siguientes definiciones.

a 1.ª persona singular de *poner*

b 3.ª persona plural de *decir*

c 1.ª persona plural de *tener*

d 3.ª persona singular de *poder*

e 2.ª persona plural de *introducir*

f 2.ª persona plural de *conducir*

g 3.ª persona singular de *venir*

h 3.ª persona plural de *hacer*

i 1.ª persona singular de *saber*

j 2.ª persona singular de *poder*

```
I X T P C V Y H B U T
N A F W M L I Z C X U
T V U L P U S E O J V
R R H A Q I D V N O I
O P U D O A N A D X M
D L K A Q J D C U I O
U G V A Q I I P J P S
C T B L X P J Q I U W
I M O N R E E C S D P
S U P E U B R A T I Z
T S C V I N O Y E S A
E U A Q S E N W I T M
I J K M V A I O S E R
S A H I C I E R O N A
```

Expresión escrita

6 DELE La madre de Amaia le cuenta una mentira "necesaria". ¿Tú crees que está bien mentir por una buena causa? Escribe un texto en el que dices si estás o no estás de acuerdo. (50/70 palabras)

Los primeros años del rock en España

El *rock and roll* llega a España a partir de 1955. Son los militares de las bases estadounidenses que se instalan en el país cuando termina la Segunda Guerra Mundial quienes traen ese ritmo moderno sobre todo a los jóvenes de Madrid, Zaragoza y Sevilla.

En aquellos años España está bajo la dictadura del general Franco, pero al principio el régimen no impide su difusión, teniendo más bien una postura indiferente hacia el fenómeno. De esta manera, la moda del rock comienza a tener éxito en la sociedad española, con su ritmo y baile: nacen nuevas revistas que se ocupan casi exclusivamente de este género y se empiezan a vender los discos de los gigantes americanos como Elvis Presley. Como consecuencia, en las emisoras de radio nacen programas que emiten los discos traídos de Estados Unidos, se empiezan a formar listas de éxitos y a presentar grupos que actúan en directo hasta llegar, a finales de los Cincuenta, a promocionar los nuevos discos españoles de éxito.

Los primeros conjuntos son muchas veces fieles imitadores de los modelos americanos, pero también de los cantantes procedentes de Francia e Italia, los países más cercanos a España y que en aquellos años tienen mucha influencia en la cultura y la sociedad ibérica.

Del Dúo Dinámico a Los Pájaros Locos

A finales de los años Cincuenta, España ya tiene sus primeras bandas de éxito nacional, que actúan en los programas de radio y venden miles de discos a lo largo de todo el país. Los primeros en llegar al éxito masivo son el Dúo Dinámico, dos músicos de Barcelona cuyas canciones reflejan el estilo ligero del rock and roll "euromediterráneo", con letras en español y ritmos suaves. Estos son considerados los pioneros del rock en España junto con otras dos bandas: Los Estudiantes, un conjunto madrileño más fiel al estilo americano de Little Richard o Ritchie Valens, y Los Pájaros Locos, quienes en 1959 publican el que se considera el primer disco de rock en España.

El Dúo Dinámico

Los Bravos

La «invasión británica» y la música beat

Como otros países occidentales, a mediados de los años Sesenta también España sufre la llamada "invasión británica", la ola musical y cultural que trae al país la música *beat*, principalmente a través de las canciones de los Beatles y los Hollies. Aunque también hay bandas que intentan alejarse de la música popular de los Beatles y empiezan a experimentar sonidos más crudos y duros, en poquísimos años este nuevo estilo revoluciona totalmente el panorama musical de los países occidentales. En España los nuevos grupos miran hacia Inglaterra como la nueva meca de la música moderna: se visten y se peinan como los grupos ingleses, sus canciones son a veces versiones de los Beatles, algunos hasta se mueven en el escenario como ellos. Entre 1964 y 1967, surgen algunas de las mejores bandas de rock de España, como por ejemplo Los Pekenikes, Los Sírex, Los Cheyenes, Los Salvajes, Los Canarios y Los Brincos, quienes son considerados «Los Beatles españoles» y —entre 1965 y 1966— consiguen encadenar un éxito tras otro, hasta convertirse en el grupo más vendedor del país. Sin embargo, el primer conjunto que obtiene una verdadera fama internacional son Los Bravos, que en 1966 graban la canción *Black is black*, un tema muy pegadizo con letra en inglés que consigue situarse en las primeras posiciones de las listas en el Reino Unido y en Estados Unidos, patria del rock.

Son aquellos años importantes para el rock y el pop español, porque por primera vez España consigue exportar su música joven, y el rock representa la mayor manifestación cultural en un país que es presa de un régimen conservador y autoritario. Según muchos, aquellos años son «la década prodigiosa», la primera etapa dorada del rock en España, destinada sin embargo a terminar al poco tiempo. En efecto, en los primeros años Setenta, la llegada de las nuevas tendencias hará que muchos de los conjuntos de éxito en los Sesenta desaparezcan por su incapacidad de adaptación a los nuevos estilos.

Comprensión lectora

1 Completa las siguientes frases.

1 El *rock and roll* llega a España gracias a...

2 El régimen franquista no...

3 Las radios tuvieron un papel importante en la difusión del rock porque...

4 Las primeras bandas de rock son muchas veces fieles imitadoras de...

5 A mediados de los años Sesenta llega a España la llamada...

2 Busca en Internet información acerca de uno de los conjuntos que aparecen en el dossier y completa la siguiente ficha.

Nombre: ....

Nombres de sus componentes: ....

Año de fundación: ....

Canciones más famosas: ....

Antes de leer

1 A lo largo del capítulo 8 encontrarás estas palabras. Relaciónalas con las fotos.

a equipaje   **b** tranvía   **c** setas   **d** bata

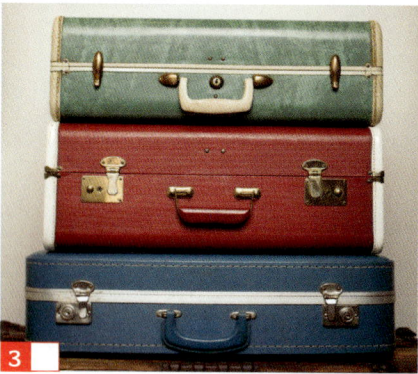

2 Ahora utiliza las palabras del ejercicio anterior para completar las siguientes frases.

1 Para ir al estadio es más cómodo si coges el ....

2 Acabo de volver de México en ese avión y ahora debo ir a recoger mi ....

3 ¡Me encanta la pizza con .... y jamón!

4 El médico se puso su .... y empezó la consulta.

La vuelta de Garino

Amaia y Mikel están de viaje hacia Pamplona. Isabel ha ido a buscarles al instituto a las cuatro de la tarde. Amaia piensa que su madre ha sido amable al acompañarles.

Al principio Amaia no quería hacer nada esa noche, porque estaba demasiado triste por no poder ir a Madrid. Pero al final pensó que no era mala idea.

Este año, el 21 de junio es viernes, por eso han decidido pasar una noche en Pamplona y volver a Bilbao a la tarde siguiente. La primera parada es en el hotel, que está en las afueras de la ciudad, para dejar el equipaje; después cogen un tranvía para ir al centro, que está cerrado al tráfico, porque todas las plazas y las calles están ocupadas por los músicos.

Isabel lleva a Amaia y a Mikel a cenar a una pizzería. Mikel se come dos trozos, de setas, huevo y queso dulce, y de postre pide

un dulce de chocolate y crema chantillí. Amaia se pregunta cómo puede comer tanto.

Después de cenar dan un paseo. Es una noche agradable y hay gente por todas partes. Se paran a escuchar un coro de niños, una banda de los Andes, un violonchelista... y poco a poco se acercan a la plaza de la Universidad. Es ahí donde Isabel, con disimulo, los quiere llevar.

Cuando los tres llegan a la plaza de la Universidad, Amaia oye las notas de una canción que conoce bien. Es *Black is black* de Los Bravos. Garino le ha contado la historia de la banda que escribió la canción, a mediados de los años Sesenta.

La cantante tiene una voz poderosa y modulada. Cuando termina la canción, el público aplaude y grita una palabra: «¡GA-RI-NO! ¡GA-RI-NO! ¡GA-RI-NO!» una y otra vez. Amaia tiene un sobresalto: ¿ha oído bien? Se queda atónita[1] durante unos segundos, y después, movida por la curiosidad, se abre paso para acercarse a los músicos. Cuando llega cerca de la banda, no cree lo que está viendo: ¡el guitarrista canoso[2] es su abuelo! No conoce al otro músico, y tampoco a la cantante. Se queda de piedra cuando ve a su abuelo tocando la guitarra en una banda de rock. De repente lo entiende todo: Garino es el nombre de una banda, ¡la de su abuelo!

En la plaza, el público baila al ritmo de la música. En aquel lugar se han reunido generaciones diferentes para pasarlo bien y relajarse.

Después de cinco canciones (dos de rock duro) los músicos hacen un pequeño descanso. Amaia escucha a las personas que están a su alrededor. Uno dice:

---

1. **atónita** : muy sorprendida, sin palabras.
2. **canoso** : que tiene el pelo blanco.

—¡Eran muuuy buenos! ¿Te acuerdas? Los jueves tocaban en un bar... espera... ¿cómo se llamaba?

—¡Era el Bar de la Peña! —le contesta otro—. ¡Tocaban de maravilla!

—¿Y el concierto en la plaza Consistorial? ¡La plaza estaba llenísima! ¡Bailamos toda la noche!

—¡Sí, sí, yo estaba! —dice otro—. Era para recaudar fondos para Médicos del Mundo.

La banda vuelve al escenario en medio de los aplausos del público. Tocan una canción de los Beatles, una que le encanta a Amaia. Seguro que su abuelo la está tocando para ella. Tal vez la ha visto entre el público. Levanta los brazos y sigue los movimientos de la gente, que los mueve a la derecha y a la izquierda al ritmo de la música.

Después de la última canción, cinco chicos que llevan la bata de médico suben al escenario. Uno de ellos toma la palabra.

—¡Buenas noches a todos! Me llamo Álex y soy el cantante de Los Pabellons, la banda de rock de la Facultad de Medicina. Quiero agradecerles a Gabriel, a Ricardo y a Noemi por estar aquí esta noche con nosotros. Gracias por ayudar en el pasado a Médicos del Mundo. Nosotros intentamos hacer lo mismo en estos años.

La banda baja del escenario entre los aplausos del público.

Amaia está muy emocionada. Su madre se acerca a ella.

—¿Por qué no me lo has dicho antes? —dice Amaia.

—Lo intenté. ¿No te acuerdas de "Ga de Gabriel"? Pero tú no me quisiste escuchar, estabas demasiado enfadada.

—¡Lo que ha hecho el abuelo es genial!

—¡Claro que sí! Y tú... debes estar muy orgullosa de tu abuelo.

—Pero ¡él no habla nunca de esto! ¿Por qué?

—Porque, para él, todo esto representa el pasado.

—Bueno… pero toda esta gente todavía se acuerda de ese pasado. ¿Y por qué dejó de tocar?

—Porque se hizo médico: empezó a trabajar, a tener responsabilidades, una familia. Ricardo y Noemi se fueron a otras ciudades: Ricardo a trabajar en el hospital de Sevilla, y Noemi a África a trabajar en Médicos del Mundo. Volvieron al País Vasco cuando se jubilaron.

Mikel está al lado de Amaia y de su madre. Escucha su conversación, pero no entiende del todo de lo que hablan. Entonces Amaia se da la vuelta y le dice:

—¡El guitarrista, Gabriel, es mi abuelo! Vamos, que te lo presento.

Después de leer

Comprensión lectora

1 **Completa las frases eligiendo una de las dos opciones dadas.**

1 Amaia, Mikel y su madre van a Pamplona y...
   a ☐ cuando llegan van a cenar a un restaurante.
   b ☐ cuando llegan van al hotel a dejar las maletas.

2 Amaia, Mikel y su madre cenan y después...
   a ☐ van a ver un concierto en la Universidad.
   b ☐ caminan por las calles.

3 En la plaza de la Universidad, un grupo...
   a ☐ está tocando una canción rap.
   b ☐ está tocando una canción muy conocida.

4 Amaia se sorprende cuando descubre...
   a ☐ quién es el guitarrista.
   b ☐ que el guitarrista tiene el pelo blanco.

5 Después de la pausa, Garino vuelve al escenario y...
   a ☐ toca una canción que le gusta mucho a Amaia.
   b ☐ cuatro médicos suben al escenario con él.

6 Después de la última canción...
   a ☐ los músicos hablan de una asociación solidaria.
   b ☐ suben al escenario algunos estudiantes de Medicina.

7 Cuando Garino abandona el escenario, ...
   a ☐ Amaia le presenta a Mikel a su abuelo.
   b ☐ su madre le explica por qué su abuelo dejó de tocar.

8 Cuando termina el concierto, Mikel...
   a ☐ escucha la conversación entre Amaia y su madre y no entiende de qué hablan.
   b ☐ le cuenta a Amaia que el guitarrista es su abuelo.

Comprensión auditiva

2 Vuelve a escuchar el capítulo 8 y marca con una X las afirmaciones que oyes.

pista 11

1 ☐ Amaia y Mikel llegan a Pamplona a las cuatro.
2 ☐ Las calles de Pamplona están llenas de gente.
3 ☐ Un grupo está tocando una canción de los Setenta.
4 ☐ Amaia se sorprende al saber el nombre del grupo.
5 ☐ En la plaza jóvenes y mayores bailan juntos.
6 ☐ En pasado, "Garino" ayudaba a una ONG.
7 ☐ El abuelo de Amaia le dedica una canción.
8 ☐ Ricardo y Noemi viven en Bilbao desde que no trabajan.

Léxico

3 Asocia las palabras (a-i) con las fotografías (1-9).

a armónica
b guitarra
c trompeta

d saxofón
e tambor
f piano

g batería
h teclado
i bajo

 1 ☐
 2 ☐
 3 ☐
 4 ☐
 5 ☐
 6 ☐
 7 ☐
 8 ☐
 9 ☐

Gramática

Las preposiciones *por* y *para*

La preposición **por** se utiliza para hablar de:

- la causa: *¿**Por** qué no vienes al concierto?*
- las partes del día: *Mañana **por** la mañana tengo el control de Inglés.*
- un lugar intermedio: *Pasando **por** esta calle llegamos al centro.*
- un medio: *Te envío esta comunicación **por** correo electrónico.*
- el complemento agente en la voz pasiva: *El libro fue escrito **por** el mayor novelista de nuestro siglo.*

La preposición **para** se utiliza para hablar de:

- un objetivo o una finalidad: *Tengo que estudiar **para** aprobar el examen.*
- un destinatario: *Voy a comprar un CD **para** mi hermano.*
- un día límite: *Los deberes de Español son **para** mañana.*
- un lugar final: *Salimos en coche **para** Pamplona.*

4 **DELE** Lee el siguiente texto y elige la opción correcta.

Al principio Amaia no quería hacer nada esa noche, porque estaba demasiado triste (**1**) *por/para* no poder ir a Madrid. Pero al final ha pensado que no era mala idea. Este año, el 21 de junio es viernes, (**2**) *por/para* eso han decidido pasar una noche en Pamplona y volver (**3**) *por/para* Bilbao a la tarde siguiente. La primera parada es en el hotel, que está en las afueras de la ciudad, (**4**) *por/para* dejar el equipaje; después cogen un tranvía (**5**) *por/para* ir al centro, que está cerrado al tráfico, porque todas las plazas y las calles están ocupadas (**6**) *por/para* los músicos.

Expresión oral

5 ¿Te gusta la música? ¿Qué género musical te gusta más? ¿Tienes una banda o un cantante preferido? Cuéntaselo a tus compañeros.

Rincón de cultura

El Día de la Música, ¡un evento para todos!

El 21 de junio, coincidiendo con el solsticio de verano, se celebra el **Día Europeo de la Música**, con el objetivo de promover el intercambio cultural a través de la música. Con motivo de esta fecha, en las principales ciudades de España se programan conciertos y actividades musicales extraordinarias de todos los estilos y géneros.

Fue en 1982 cuando se celebró por primera vez en Francia la llamada *Fiesta de la Música*. El lema era "sacar a las calles a todos los músicos". Tres años más tarde, en 1985, el concepto se difundió a nivel europeo, transformándose así en el Día Europeo de la Música.

En España, las instituciones públicas y privadas participan de la ocasión organizando actividades para todos los públicos en distintos lugares y escenarios urbanos. Durante este día, en las principales ciudades españolas se realizan, por ejemplo, conciertos sinfónicos al aire libre, festivales y maratones musicales, espectáculos de ópera gratuitos, mini-conciertos en la calle, concursos, recitales de estudiantes, talleres musicales para niños, etc... con incluso programas específicos para los más pequeños. Una ocasión perfecta para disfrutar de ellos.

Ahora contesta las preguntas.

1 ¿Por qué el Día de la Música se celebra el 21 de junio?

2 ¿Dónde se celebró por primera vez y cuándo?

3 ¿Cuál era el objetivo de la primera edición de la iniciativa?

4 En tu país, ¿se celebra un evento de este tipo? Si sí, ¿cuándo y cómo es?

La música y las redes sociales en el cine

1966, buscaban a **JOHN LENNON** y se encontraron a sí mismos...

JAVIER **CÁMARA**   NATALIA **DE MOLINA**   FRANCESC **COLOMER**

VIVIR ES FÁCIL

CON LOS OJOS CERRADOS

Una película de **DAVID TRUEBA**

PRÓXIMAMENTE EN CINES

Título: *Vivir es fácil con los ojos cerrados*
Año: 2013
Duración: 105 min.
País: España
Director: David Trueba
Reparto: Javier Cámara, Natalia de Molina y Francesc Colomer
Género: drama/comedia

Antonio, el protagonista de la película española *Vivir es fácil con los ojos cerrados*, es un profesor de Inglés de un colegio de Albacete. Pero además Antonio es fan de los Beatles, y utiliza las letras de la banda británica para enseñar la lengua a sus estudiantes. Estamos en 1966 y dicen que John Lennon está en Almería para rodar una película. Antonio entonces decide salir de la ciudad manchega en coche decidido a conocer la estrella británica. Durante el viaje, conoce a Belén, una joven que se ha escapado de casa porque su situación personal no está bien vista por su familia, y Juanjo, un adolescente rebelde, víctima de un padre demasiado autoritario. Los tres emprenden un viaje especial, hacia la libertad y la realización de sus sueños.

Título: *La red social*
Año: 2010
Duración: 120 min.
País: EE.UU.
Director: David Fincher
Reparto: Jesse Eisemberg, Andrew Garfield
Género: Drama

El filme norteamericano *La red social* nos cuenta de manera objetiva y casi biográfica la historia de cómo nació la red social más famosa del mundo: *Facebook*. Estamos en 2003 y Mark Zuckerberg, un joven estudiante de Harvard genio de la programación informática, se sienta delante de su ordenador y empieza a desarrollar la idea de una página web para calificar el atractivo de sus compañeras de universidad después de que su novia le ha dejado. En pocas horas la página colapsa la red de la universidad, y en poco tiempo Zuckerberg se convierte en un empresario multimillonario, gracias a su idea de poner en contacto personas a través de la Red.

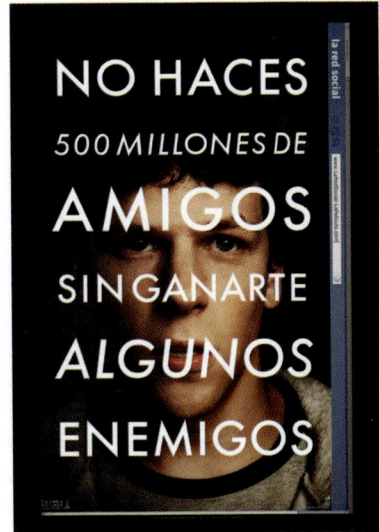

1 Contesta a las siguientes preguntas.

1   ¿Quiénes son los personajes que aparecen en el cartel de la página anterior?

2   ¿De qué habla la película *Vivir es fácil con los ojos cerrados*? ¿En qué época está ambientada?

3   ¿Quién es Mark Zuckerberg? ¿Por qué han rodado una película sobre su vida?

4   ¿Qué crees que significa la frase que aparece en el cartel de la película *La red social*?

las imágenes siguientes en el orden cronológico de la historia.

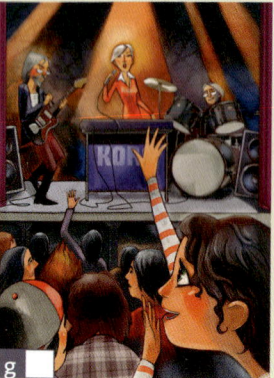

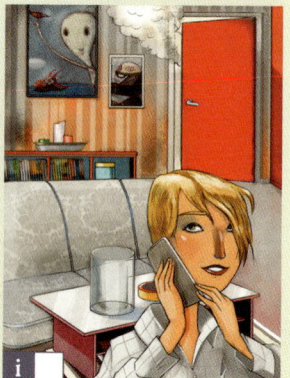

a

b

c

d

e

f

g

h

i